AF268350

BANQUET

OFFERT AUX

DÉPUTÉS DE LA CORSE

(13 décembre 1885)

PARIS

SOCIÉTÉ ANONYME DE PUBLICATIONS PÉRIODIQUES

13, QUAI VOLTAIRE, 13

—

1885

LE

BANQUET DES CORSES

Dimanche, 13 décembre, a eu lieu le banquet de protestation offert par les Corses habitant Paris aux quatre députés impérialistes : MM. Gavini, Abbatucci, comte Multedo et de Montera, invalidés. Quatre cents convives environ remplissaient trois salles du café de la Terrasse, avenue de la Grande-Armée. Contre les murs, autour des glaces, des trophées de drapeaux et les armes de la Corse.

Vers sept heures, M. Cunéo d'Ornano, député de la Charente, précédant les députés en l'honneur desquels cette fête était donnée, fait son entrée dans la salle. A ce moment, un orchestre placé près de la table d'honneur exécute l'hymne de la Reine Hortense : *Partant pour la Syrie*, que nous n'avions pas entendu depuis longtemps. Cet air soulève les hurras de l'assistance, et des applaudissements frénétiques éclatent de tous côtés.

M. Cunéo d'Ornano prend la présidence du banquet en l'absence du duc de Padoue, retenu chez lui par une indisposition. A sa droite prennent place MM. Gavini, Abbatucci, abbé Torre, capitaine Rossi et A. d'Ornano ; à sa gauche, MM. de Montera, comte Multedo, Filippini, Casalta, commandant Breton et Robert Mitchell.

Une table était réservée au Comité d'organisation du banquet, où prennent place MM. de Zerbi, ancien sous-préfet de l'Empire, à Calvi, président du Comité ; Vannucci, vice-président ; le comte Léon et J.-B. Farcioli, secrétaires ; puis les membres, MM. Alberti, d'Ornano, Natali, Giuliani, Gaffori, Antomarchi, Rossi, Stefani Poggiola, Antonniotti, capitaine Nicolaï, Tarquini, Paul Piccioni, Castelli-Pochon, Alessandri et Boccheciampe.

Ce dernier, en costume des Hospitaliers sauveteurs bretons, portait sur la poitrine la croix de la Légion d'honneur, la médaille militaire et une triple rangée de médailles de sauvetage. M. Boccheciampe est un ancien sous-officier des voltigeurs de la garde impériale ; il a fait les campagnes d'Afrique de

1846 à 1856 ; il a fait la campagne d'Italie et a pris part aux batailles de Magenta, Turbigo, Palestro, Montebello, Carignan, Solferino, etc. On voit que ce brave avait bien le droit de dîner, hier, avenue de la Grande-Armée.

A la table réservée à la presse, nous remarquons MM. Ernest Gay, du *Pays;* Hody, de la *Liberté;* Calmette, du *Figaro;* Soucard, de l'*Événement;* Ladiane. du *Gaulois;* de la Billette, du *Matin;* de Vornay, du *Temps;* V. Beau, de l'agence Havas.

Dans l'assistance, nous remarquons MM. A. Luccioni, Lanfranchi, Graziani, Corteggiani, Soavi, Massoni, Zuccai, Pietri, Renucci, Arrighi de Casanova, Bereni, Borgomani, Raffini, Roschi, Bosc, Péraldi, Emmanuelli, Paganelli, de Zicavo, Foggianelli, Ch. Alessandri, A. d'Ornano, T. Vannucci, Th. Cunéo d'Ornano, Suzzoni, etc., etc.

M. Cunéo d'Ornano, en ouvrant le banquet, annonce que M. de Zerbi va donner lecture de deux lettres, l'une de M. le duc de Padoue, l'autre de M. Guyon, directeur de la *Patrie*, qui ne peuvent, à leur grand regret, assister à cette manifestation patriotique.

Voici la lettre de M. le duc de Padoue :

« Courson, 11 décembre 1885.

« Monsieur le président et cher compatriote.

« Empêché par ma santé d'assister au banquet dont le Comité corse m'a fait l'honneur de m'offrir la présidence, je vous prie d'être mon interprète auprès de nos campatriotes et de leur dire que je m'associe de tout cœur à leur protestation indignée contre le vote qui a cassé les élections de la Corse, sans respect pour la volonté de la majorité des électeurs.

« Veuillez aussi être mon interprète auprès de MM. les députés et leur exprimer tous mes vœux pour le succès de la nouvelle campagne électorale qu'ils vont entreprendre.

« Agréez, monsieur le président et honoré compatriote, l'assurance de mes sentiments bien dévoués.

« A. DUC DE PADOUE. »

La lecture de cette lettre est accueillie par de chaleureux applaudissements; les Corses saluent aussi de leurs vivats le nom de M. le duc de Padoue.

Voici la lettre de M. Guyon :

« A Monsieur le Président du banquet offert à Messieurs les députés de la Corse.

« Monsieur le président,

« Vous m'avez fait l'honneur de m'adresser une invitation pour assister au banquet offert à MM. les députés de la Corse, qu'une Chambre servile, sans conscience et qui n'écoute que ses passions haineuses, a osé invalider.

« Je regrette vivement de ne pouvoir me rendre à votre invitation ; mais laissez-moi m'associer à votre retentissante protestation qui fera vibrer en Corse les cœurs de tous ceux qui ont la fierté de se souvenir qu'ils sont les compatriotes du plus grand homme des temps anciens et modernes.

« Ce que je tiens à vous dire, c'est que mon concours le plus actif, toutes mes sympathies, mon dévouement le plus absolu sont acquis à nos amis qui vont se représenter devant le suffrage universel. Ils sauront puiser dans l'ardeur de leur conviction la force de vaincre des adversaires qui ne sont pas seulement les ennemis de la grande cause nationale que nous servons, mais encore des ennemis de la France, dont la lamentable situation excite si justement nos patriotiques alarmes.

« Toute la presse indépendante, c'est-à-dire toute celle qui ne s'inspire que des intérêts de notre malheureux pays, si misérablement sacrifiés aux appétits de ces affamés qui se sont rués sur lui, s'unira à nous, je l'espère, pour défendre contre l'arbitraire et l'iniquité les serviteurs respectueux de la souveraineté nationale si odieusement outragée.

« Nos amis reviendront triomphants de la lutte nouvelle qu'on les oblige à soutenir. Le vaillant peuple de Corse relèvera l'audacieux défi qui lui est jeté ; il ne voudra pas supporter l'humiliation de voir contester la loyauté de ses votes ; et ses élus d'hier, qui seront ses élus de demain, nous rapporteront dans les plis du drapeau impérial, sous la protection duquel ils vaincront, le nouveau gage de l'accord qui existe entre la démocratie et les Napoléons dont nous sommes les soldats dévoués et qui, seuls, restent l'espoir de la Patrie.

« Veuillez agréer, monsieur le président, l'expression de mes sentiments les plus distingués.

« E. GUYON. »

Plusieurs passages de cette lettre ont été chaleureusement applaudis ; les sentiments patriotiques exprimés par M. Guyon lui ont valu une véritable ovation. Il a été littéralement acclamé.

Le banquet fort bien servi et très bien ordonné, ce qui fait honneur au Comité d'organisation, s'est passé sans tumulte. L'orchestre a fait entendre plusieurs morceaux pendant le repas ; mais l'air de la *Reine Hortense* avait tous les succès : chaque fois qu'on l'exécutait, les assistants applaudissaient et accompagnaient les musiciens en chantant les paroles bien connues de *Partant pour la Syrie!*

Enfin, le champagne fait entendre ses salves joyeuses, ce qui indique que l'heure des toasts a sonné.

M. Cunéo d'Ornano, prenant la parole, a prononcé d'une voix claire et sonore un remarquable discours que nous allons nous efforcer de résumer le plus exactement possible, car il mérite vraiment d'attirer l'attention de nos amis.

« Messieurs,

« Puisque votre Comité m'a fait l'honneur de m'appeler à la présidence de ce banquet

fraternel, je bois à la Corse ! à ses élus !
(Applaudissements.) A la Corse ! à l'île natale
où nos ancêtres, couchés avec honneur dans
la tombe, se réveilleraient indignés et nous
renieraient si nous montrions moins d'indépendance et de dignité qu'ils n'en eussent
montré en présence de tripotages et de mar-
chandages semblables à ceux qui viennent de
faire briser arbitrairement — pour quelques
semaines — le mandat des élus du 18 octobre ! (Acclamations.)

« A la Corse ! A l'île natale où cette invalidation inique a retenti comme un soufflet.
(Sensation générale.) C'est à vos quatre élus
du 18 octobre qu'incombe la mission de rele-
ver le gant... Allez, messieurs ! vengez la
Corse ! Vengez votre mère souffletée ! *Vendetta !* (Nouvelles acclamations. L'auditoire
est debout, mains levées, répétant : *Vendetta !*)

« Oh ! quant à moi, je ne recherche même
plus comment ils se nomment, ces champions
désignés de l'île-mère, ni si leur famille est
amie de la mienne, ni si leur opinion politi-
que ressemble à la mienne ; non, non : quel-
que chose aujourd'hui domine les préférences,
les opinions et les partis : l'honneur de la

Corse. (Bravos.) Les quatre élus du 18 octobre ont été frappés par elle... *Vendetta!* Pour tout Corse qui a du cœur, ils sont maintenant sacrés. (Nouveaux bravos.)

« Et, dans cet appel à la *vendetta*, où le bulletin de vote doit remplacer le fusil, je ne voudrais oublier personne, ni ces prêtres à qui l'on ose contester le droit de tout citoyen, ni même ces femmes, ces femmes corses, qui ont toutes en elles le cœur d'une Cornélie. (Applaudissements.)

« Et je dis aux prêtres corses — qui savent que nous défendons le culte de nos pères contre l'assaut d'une République de sectaires déchirant le Concordat de Napoléon, chassant Dieu de nos écoles et repoussant du lit des mourants, à l'hôpital, la bonne sœur de charité — je leur dis : Prêtres corses, défendons ensemble nos croyances et nos champions ! (Nouveaux applaudissements.) C'est votre devoir, devant Dieu et devant les hommes. (Oui ! oui !) Si vous étiez contre nous, vous seriez des renégats de la foi et de l'honneur corses. (Acclamations.)

« Et je dis aux femmes corses, qui sont pieuses elles aussi, qui tiennent à l'honneur de leur île elles aussi, (Applaudissements) je leur dis : Femmes corses, défendez-vous, soyez toutes avec nous qui, nous, luttons pour vous, pour le respect de votre culte, pour la sainteté du mariage que nos adversaires ont profanée par le divorce, pour l'éducation morale de vos fils, pour la paix et le bien-être du foyer domestique. (Nouvelles acclamations.)

« Car ce sont là nos saintes causes, ce sont là nos batailles où nous avons besoin que tous les braves gens nous assistent, comme ils m'assistèrent dans cette Charente adoptive (bravos), le jour où mon élection à moi aussi fut invalidée par des juges qui ne sont que des adversaires et qui rêvaient d'éloigner en moi un des apôtres obstinés de cette démocratie que, seuls, les Napoléons, nos Empereurs (bravos), dont l'héritage ne sera pas délaissé, (longues acclamations) — ont su rendre glorieuse et prospère. (Applaudissements.)

« Que l'esprit des ancêtres plane sur l'île pendant cette nouvelle lutte! Et que, au-dessus des compétitions familiales, au-dessus des ambitions personnelles, au-dessus des menaces et des corruptions qu'un gouvernement pourri fait répandre par ses salariés, l'esprit des ancêtres aide la Corse à maintenir intactes sa fierté, sa dignité, son indépendance ! (Bravos répétés.)

« Je bois à la Corse ! à l'île-mère ! à ses élus ! » (Acclamations enthousiastes : Vive M. Cunéo d'Ornano ! L'auditoire se presse autour de l'orateur pour le féliciter et le remercier.)

Quand l'éloquent député de la Charente eut terminé son discours, toutes les mains se tendirent vers lui, tout le monde voulait le féliciter.

M. Gavini, parlant au nom de ses collègues, a remercié M. Cunéo d'Ornano de ses courageuses paroles : « Oui ! a-t-il dit, il faut que les quatre députés de la Corse reviennent de nouveau, portés par les suffrages populaires.

« L'indignation que vous manifestez et que la Corse a ressentie, est le présage du succès. Il faut qu'ils reviennent, il y va de l'intérêt de notre île natale, de l'île impériale ; il y va de la cause napoléonienne ; c'est de nos montagnes qu'est partie l'aigle impériale qui mettra à la raison les sous-vétérinaires que nous subissons. »

M. Gavini a été très applaudi ; son discours, très fin, a fait la meilleure impression.

M. Robert Mitchell prend ensuite la parole, c'est toujours l'orateur spirituel qui plaît à la foule.

Il a fait pour ainsi dire l'histoire de la Corse pour prouver qu'il n'est pas exact, comme nos adversaires le disent, que la Corse soit soumise au cléricalisme. Puis il a rappelé diverses époques historiques de la Prusse, de l'Italie, de l'Autriche, succombant sur les champs de bataille et se relevant pour la revanche, entourant leurs souverains de leurs patriotiques efforts au lieu de les renverser lâchement.

En terminant, M. Mitchell s'écrie : « Qu'ont-ils fait de notre armée et de son honneur séculaire? C'est la première fois dans l'histoire que l'on aura vu notre drapeau national reculer devant un drapeau chinois! »

Nous regrettons que l'heure nous presse et que la place nous manque aujourd'hui pour résumer longuement l'excellent discours de notre ami M. Robert Mitchell ; il a été salué par des bravos et des vivats, surtout quand il a rappelé que M. Gavini a été seul à Bordeaux, avec le regretté M. Conti, à répondre au vote de déchéance par le cri de vive l'Empereur!

Nous devons dire que ce cri, M. Mitchell a

su le faire jaillir de quatre cents poitrines et qu'il a été répété plusieurs fois; on a crié aussi : Vivent les Napoléons! Mais pas un autre cri n'a été poussé, à moins que ce ne soit celui de : A bas la République!

Avant de lever la séance, M. Cunéo d'Ornano a soumis à l'assemblée l'ordre du jour suivant :

« Les Corses soussignés, résidant à Paris, se sont réunis en un banquet offert à MM. Gavini, Abbatucci, Multedo et de Montera, pour protester au nom de la dignité de leur département, contre l'inique invalidation des élections du 18 octobre.

« Ils envoient à leurs frères de Corse un salut fraternel et comptent que l'île natale, en réélisant les quatre élus du 18 octobre, donnera une nouvelle preuve de sa fierté et de son indépendance. »

Cet ordre du jour a été voté par acclamation. Puis on s'est retiré en se serrant les mains et en se félicitant de cette belle réunion, où la fraternité et le patriotisme ont régné sans troubles et sans contestations. C'était bien un banquet fraternel, un banquet d'union.

(Patrie.)

Paris. — Imprimerie P. Mouillot, 13, quai Voltaire. — 62638.

www.ingramcontent.com/pod-product-compliance
Lightning Source LLC
Chambersburg PA
CBHW061232050726
47594CB00009B/3873